LES
DISTINCTIONS HONORIFIQUES
DE LA
TROISIÈME RÉPUBLIQUE
OU
TREIZE JOURS DE PRISON
POLITIQUE

PAR E. VEUCLIN

Directeur du *Moniteur de Bernay*
(Journal monarchiste-clérical)

BERNAY
IMPRIMÉ PAR V. E. VEUCLIN
EN L'AN 1883

Il y a treize ans, je reçus de la République ma première distinction honorifique ; voici dans quelles circonstances :

Petit-fils d'un vieux soldat qui, ayant pris part aux dernières et sanglantes guerres de Napoléon Ier (1), m'avait appris ce que tout citoyen doit à son pays envahi par l'ennemi ; enthousiaste comme on l'est à vingt-quatre ans, je crus devoir, en 1870, à l'exemple de tant de monarchistes patriotes avant tout, offrir mon bras pour défendre la Patrie en péril.

Mais, aux aventuriers qui, au 4 Septembre, avaient imposé la République à la France terrassée, il ne fallait que des Garibaldi et autres hommes à eux ; c'est pourquoi, de même que ce néfaste gouvernement de la Défense nationale avait refusé l'aide des valeureux Princes d'Orléans, que la République devait, treize ans plus tard, chasser de l'armée où ils occupaient pourtant un si haut rang ; de même mon offre d'engagement fut rejetée : j'étais un suspect.

---

(1) Pierre Morière, mon grand-père, né en 1791 et décédé en 1872, était entré à la 46ᵉ cohorte le 21 avril 1812, puis était passé, le 24 janvier suivant, au 7ᵉ Régiment d'Artillerie à pied (469) qui fit toutes les campagnes de 1813 à 1815 et fut licencié le 3 septembre dite année.

La notification de ce refus, signé par le général de Kersalaün, le 18 octobre 1870 (le jour même où Châteaudun résistait si héroïquement), est, à mon avis, un titre infiniment plus honorifique que certaines nominations à des sous-préfectures où de jeunes républicains, braves à leur façon, faisaient bonne chère et fleurissaient leur boutonnière en se dérobant au danger pendant que nos pauvres soldats ne trouvaient que la misère, la mort et l'oubli ! Je garderai précieusement ce premier brevet d'honneur que m'a décerné la République.

Quatre ans plus tard, le 20 novembre 1874, au conseil de revision des hommes de l'armée territoriale, je sollicitai la faveur de pouvoir, le cas échéant, être utile à mon pays en offrant à nouveau, pour le défendre, mon unique bras valide. Mon insistance fut bien accueillie et me valut même, de la part de M. Farjas, sous-préfet, et de M. le duc de Broglie, qui présidaient le dit conseil, des félicitations que je ne demandais point mais qui me furent particulièrement agréables. Je fus donc incorporé au 17e Régiment territorial d'Infanterie et, en 1879, du 17 au 29 avril, j'eus l'honneur de porter cet uniforme que mon grand-père avait rougi de son sang, et de mon mieux je fis, pendant ces treize jours, l'exercice militaire dont tant de démocrates de haute lignée s'exonérèrent si lâchement en 1870.

Je considère donc mon livret de soldat territorial comme un second diplôme honorifique que je dois, non pas à la République, mais bien à des hommes éminents, à des patriotes sincères, que ce gouvernement d'aventure a aussi honorés par un vote qui n'a flétrit que ceux qui l'ont émis.

Une troisième distinction vient de m'être accordée, mais par les républicains, cette fois-ci.

On sait que, l'an dernier, à l'occasion d'un insignifiant procès de presse, tous ceux qui ne pouvaient digérer les dures et épicées vérités servies copieusement et loyalement dans mon journal ; tous ceux dont le nez malpropre avait été trop vigoureusement mouché par ma petite feuille ; tous se coalisèrent pour l'anéantir et me ruiner.

On sait qu'à cette coalition avouée s'associèrent des magistrats vindicatifs et timorés qui, pour conserver leurs sièges et satisfaire leur rancune, me condamnèrent à une peine exagérée dont le sentiment haineux se révéla dans les termes même de leur jugement, dans lequel ils osèrent rappeler des faits amnistiés par loi sur la presse.

On sait que mon désistement d'appel près la Cour de Rouen a été motivé par les notes politiques écrasantes que le Parquet de Bernay avait ajoutées à mon dossier ; notes qui ont dû faire rejeter par le Chef de l'Etat le recours en grâce que lui avais présenté.

On sait que des poursuites trop hâtives, ordonnées par des ennemis impatients, ont été suspendues.

On sait enfin que, SIX JOURS seulement après la notification du rejet de mon recours en grâce, mes adversaires politiques me firent mettre en prison comme dettier de la République.

J'ai pensé qu'on lirait avec bienveillance le Journal de ma courte captivité, laquelle est, assurément, la distinction honorifique la plus glorieuse que cet exécrable régime puisse octroyer à un journaliste conservateur qui ne cessera de le combattre tant qu'il continuera à mentir à sa devise en s'écartant du chemin de la Justice et de la Liberté. Dieu m'aidera.

E. VEUCLIN.

Bernay, le 2 Novembre 1883.

TREIZE JOURS DE PRISON
POLITIQUE
PAR UN JOURNALISTE MONARCHISTE

1883

MARDI 9 OCTOBRE. — Vers 7 heures 1/2 du matin, étant à mon travail, deux gendarmes de la brigade de Bernay se présentent, sans se faire annoncer, à mon domicile, rue d'Alençon, n° 49, et m'exhibent un papier m'invitant à verser à l'instant dans le tonneau des Danaïdes de la République la somme de 622 francs 29 centimes octroyée à l'Etat par un tribunal depuis imparfaitement nettoyé.

Au bas de cette facture fiscale, portant le n° 215 et d'une couleur aussi blanche qu'est noire l'âme des républicains qui ont tramé et imposé cette inique vengeance politique, était écrite cette mention bien significative :

Le percepteur, sachant que la saisie pourrait donner lieu à des revendications de la part du condamné, demande l'exercice de la contrainte par corps qui amènera très probablement paiement.

Or, cette contrainte consistait à aller, pendant QUATRE MOIS, méditer EN PRISON sur les inconvénients qu'il y a, pour un journaliste conservateur, à critiquer les actions malhonnêtes ou indélicates des fonctionnaires de la R. F., et à défendre hardiment la religion et le clergé catholiques auxquels m'attache une pieuse et intime tradition de famille (1).

Etant dans l'impossibilité matérielle de payer immédiatement cette somme importante et n'étant point pressé d'aller prendre la place de l'un des bons moines du temps passé, je demande aux gendarmes à être conduit devant le percepteur pour lui offrir ce que j'avais d'argent disponible, m'obligeant à payer le reste en douze fractions mensuelles. Le percepteur déclare ne pouvoir accepter mes offres. — Il est 8 h. du matin.

Escorté de mes deux gardiens, je ren-

---

(1) En 1717, à Anceins, Jacques Veclin eut pour parrain Jacques Primois, père (?) de Guillaume Primois *curé* du dit lieu.

En 1719, en la même paroisse, Pierre Veuclin eut pour parrain Mᵉ Pierre Vimard, *diacre*.

En 1753, à N.-D.-du-Hamel, François Veuclin eut pour parrain Mᵉ Pierre-François-Nicolas Miard, *curé* de la paroisse, et pour marraine noble dame Marie-Jéromie-Urbaine-Renée de Recalde, épouse de messire Jean-Paul de Rély, escuier, sieur de Belleville.

L'abbé Morière (Pierre-Jean), *curé* de Soligni-la-Trappe et décédé il y a une cinquantaine d'années, était mon grand-oncle du côté maternel.

L'abbé Louvel, *curé* de Courtonne-la-Meurdrac, et sa sœur, *religieuse*, sont mes cousins du côté paternel.

L'abbé Lamare, *curé* de Verneusses, m'a instruit et de nombreux *ecclésiastiques* m'honorent de leur amitié

tre à mon logis pour prendre quelque peu de nourriture et donner à ma femme des instructions rapides avant de suivre à la prison les deux complaisants gendarmes. J'apprends aussi, par un billet, à un ami de Bernay, mon arrestation si matinale.

Il est 9 heures, lorsqu'un troisième gendarme vient dire à ses camarades qu'il m'est accordé jusqu'à une heure après midi. Je promets de me rendre à l'heure dite à la brigade et profite de ce court répit pour préparer tant bien que mal mon journal dont je confie l'impression à ma femme.

A une heure, accompagné de l'ami que j'ai prévenu, je vais à la brigade, et ayant toujours la bourse aussi légère que la conscience tranquille, je suis conduit par le brigadier à la maison d'arrêt où j'entre le front haut, après avoir serré la main à mon ami et lui avoir lu la mention précitée figurant sur le papier fiscal. La porte se referme ; je suis un prisonnier d'Etat. Il est une heure et demie.

Après les formalités d'usage : inscription au registre d'écrou où j'occupe le n° 207, prise de mon signalement, visite de mes poches d'où l'on extrait quelque menue monnaie égarée dans les doublures et plusieurs timbres-poste, je suis conduit au second étage, dans un dortoir où travaille un détenu tailleur auquel je dois tenir compagnie durant le jour. Cette pièce, dont le plafond est orné de moulures, devait communiquer autrefois avec l'église abbatiale par le couloir pratiqué dans l'épaisseur de la muraille ouest du transept auquel cette pièce est contiguë ; couloir aboutissant à l'escalier de la tourelle dont la partie supérieure subsiste encore. Cette pièce renferme 9 lits et dans un coin certain baquet dont le goût me retire celui de le décrire. Le porte-clefs m'apporte un pain et mon service de table (il n'y a pas de table), savoir: un petit gobelet en fer-blanc et une cuiller en fer battu mais peu propre. Puis, on me met dans mes meubles, c'est-à-dire que dans la cellule particulière qui m'est destinée on porte : un petit lit de fer garni d'une paillasse, d'un traversin, d'une paire de draps, de deux couvertures à cheval et... de quelques petits insectes qui, quelques heures plus tard, réparaient un jeûne prolongé en me rappelant que j'étais destiné à être saigné de toutes façons ; un vase de nuit en terre complète le peu luxueux mobilier de ma cellule.

Mon logement, vaste et propre, blanchi à la chaux et mesurant environ 4 mètres en tout sens, ouvre sur la chapelle ; l'unique fenêtre qui l'éclaire, bouchée aux deux tiers de sa hauteur et munie de barreaux de fer, donne juste en face le bout de l'ancienne manoir abbatial. Je ne puis rien voir au dehors, mais je me contenterai des minces distractions de l'intérieur.

Pour commencer, on m'apporte un volume (*La Fiancée du Condamné*) que je lis avec intérêt.

A 3 heures, sonne le dîner des détenus qui sont au nombre de 33 (26 hommes et 7 femmes). Le plat du jour, dont Mme la Pompe fournit le principal élément, consiste pour chaque convive en 90 grammes de lentilles cuirassées cuites à l'eau avec un soupçon de graisse et de légumes, le tout formant un demi-litre de victuaille très mangeable et servie sans cérémonie dans une gamelle en fer-blanc. A ce menu rudimentaire la cantine peut ajouter quelques douceurs, en payant 20 pour 100 de commission au cantinier qui, avec la remise que doivent lui faire les fournisseurs, n'a pas à se plaindre de sa clientèle, fidèle et honnête... parce qu'elle ne peut pas faire autrement.

A 5 h. 1/2, cessation des travaux et promenade des hommes dans la cour, en file indienne et sous l'œil du porte-clefs.

A 6 h., rentrée aux dortoirs et chacun se couche. Quelle n'est pas ma surprise de voir qu'avant cette opération les détenus s'agenouillent au pied de leur lit pendant que l'un d'eux récite à haute voix le *Notre Père* et le *Je vous salue, Marie*. On me conduit à ma cellule où l'on m'enferme à double tour après m'avoir poliment souhaité une bonne nuit.

A 10 h., le cliquetis de clefs qui s'entrechoquent, le grincement de serrures ouvertes et fermées, le bruit sec de verroux tirés et repoussés, et cela à ma porte même, me tirent de mon fatigant état de somnolence : c'est le vigilant gardien-chef qui fait sa ronde réglémentaire de chaque nuit. J'essaie d'attendrir Morphée qui refuse de m'ouvrir ses bras.

MERCREDI 10. — A 6 heures, la cloche sonne le reveil. Je n'en avais pas besoin, car douze heures passées sur une paillasse paraissant remplie de tiges de colza, la tête sur un traversin nouvellement rembourré et dur comme une bûche, l'absence de « moine » et la présence des petites bêtes précitées, tout cela m'a empêché de clore l'œil durant cette première nuit ; aussi, je me lève prestement mais littéralement moulu, éreinté.

Je procède à ma toilette ; pour faire mes ablutions, j'ai une vieille gamelle hors de service, et, en guise de la cruche légendaire un énorme broc d'une contenance d'au moins 15 litres. Une petite serviette, et voilà tout. Pas de peigne ni de miroir ; je me passe au juger les doigts dans les cheveux. Du reste, pour qui et pourquoi se faire beau ?

A 9 heures, sonne le déjeuner invariablement composé d'un demi-litre de bouillon plus ou moins borgne, dans lequel nagent à l'aise quelques rondelles de carottes et de navets, ainsi que quelques bribes de poireaux et de choux. Les moines qui, il y 95 ans, faisaient abstinence dans cette abbaye transformée en prison, feraient certainement la grimace sur la cuisine de leurs successeurs qui, il est vrai, ne prient le bon Dieu que de bouche et ne portent point le froc par excès de vertu.

A ce sujet, voici la description du costume des prisonniers :

Une chemise de toile presque fine et sans faux-col ; un pantalon, une veste et un béret taillés dans une grossière étoffe de laine barbue comme un capucin et d'une nnance douteuse tirant sur le roux ; pour chaussures, des sabots noirs à bride étroite et des chaussons en gros drap roux : j'allais oublier la cravate formée de la moitié d'un mouchoir de poche retraité, Voilà l'habillement des hommes. Je dois dire que je ne l'ai pas revêtu, n'étant point un condamné.

Les femmes ne sont point mieux attifées : avec leur robe rousse, le mouchoir déteint posé en pointe sur leurs épaules, et celui qui leur enserre la tête, elles ressemblent assez à ces bretonnes qui viennent vendre de l'ail et de l'échalotte. Bref, le costume des détenus n'est ni beau ni élégant. Du reste, à quoi servirait la coquetterie dans leur habits puisque ces messieurs et ces dames ne vont pas dans le monde et ne font pas de réceptions dans leur hôtel ?

Le dîner consiste en 90 grammes de riz formant, avec la sauce aqueuse ordinaire, le demi-litre de nourriture reglémentaire. Cet unique plat est vraiment bon et je le mange avec plaisir. Une fois pour toutes, je dirai qu'à 9 heures du matin, tous les jours, un pain de bonne qualité, du poids de 850 à 900 grammes, est remis à chaque détenu avec le demi-litre de bouillon borgne dont j'ai parlé plus haut.

La bibliothèque pénitentiaire me fournit pour me distraire, deux volumes, dont l'un: *Antoine Forrestier*, renferme des pages si belles et si touchantes qu'elles m'arrachent des larmes.

Je reçois la visite de ma femme et je demande, par lettre, au sous-préfet l'autorisation de me faire apporter, dans la prison, mes registres de commerce afin de le les mettre à jour et de pouvoir faire rentrer l'argent nécessaire pour obtenir au plus tôt mon élargissement.

A 6 heures, je rentre dans ma cellule où l'on m'enferme à double tour, et, ne sachant que faire, je me mets au lit.

JEUDI 11. — On se fait à tout, dit-on. C'est vrai ; car ayant changé mon traversin et obtenu une troisième couverture, je dors assez bien pour rester insensible aux caresses des petites bêtes qui jouent à saute-mouton sur mon individu. Les nuits suivantes sont mêmes excellentes. Du reste, ayant obtenu mes registres, j'utilise, le soir, la petite lampe qui m'est remise et fais mes écritures jusqu'à 8 heures.

Je lie connaisance avec « l'état-major »

des détenus, c'est-à-dire ceux qui, chargés du « service général », des corvées, jouissent d'une certaine liberté, de la haute paie de 15 centimes par jour et du privilége de ne pas faire l'écureuil pendant la récréation.

Voici la composition de ce corps d'élite que je puis étudier de près :

1° Le tailleur dont j'ai parlé, âgé de 58 ans, condamné à 6 mois de prison pour outrage public à la pudeur (4ᵉ condamnation). Grâce à son état, ce détenu est en voie de se créer des rentes ; il touche en moyenne 60 centimes par jour ;

2° Le cuisinier, grand fainéant de 21 ans, déjà condamné 4 fois, la dernière à 2 mois de prison pour vagabondage et mendicité, partageant maintenant son temps entre son fourneau et les chaussons de lisières. Habile dans ce dernier travail, il fait en 2 heures sa paire de chaussons pour laquelle il reçoit 17 centimes 1/2. C'est environ son salaire journalier ;

3° Le lampiste, avorton de 25 ans, que j'ai eu quelquefois comme tourneur à ma machine, et auquel sa malpropreté naturelle a valu le service des lampes et du balayage de la prison ; il est pour 1 mois pour détournement d'une somme de 5 fr. (3ᵉ condamnation) ;

4° L'ordonnance, grand gaillard de 32 ans, condamné 3 fois : la seconde, pour coups à sa femme et à sa belle-mère, rebellion et outrages aux gendarmes ; la troi_ sième, à 2 mois, pour vol. Total : 6 mois. Ce détenu a le collet de sa veste orné d'un bout de galon de laine rouge ; c'est le signe distinctif des contre-maîtres ;

(Ces n°ˢ 3 et 4 occupent leurs loisirs à tresser des fibres de rotin pour faire des paillassons, travail qui rapporte 20 centimes des 100 mètres. Les bons tresseurs ne dépassent guère 75 mètres par jour.) ;

5° Le buandier, garçon très intelligent, belge d'origine, âgé de 30 ans et ayant subi 5 condamnations, la dernière à 3 mois pour filouterie d'aliments, vagabondage et contravention à un arrêté d'expulsion. Ce détenu est chargé du service de la buanderie et c'est certainement lui qui a le plus de besogne : mais il est puissamment secondé par la *Lessive concentrée solide*, inventée par un de mes amis. Je ne suis pas surpris de trouver dans cet *Asilum peccatorum* ce produit blanchisseur si renommé et que quelqu'un a appelé: « la plus grande découverte du siècle.... après l'électricité !

Je suis, on le voit, en bonne compagnie.

Le plat du jour se compose de haricots (90 grammes), dont je me régale. Une distribution de serviettes est faite aux détenus, dont la pulpart n'usent guère.

VENDREDI 12. — A midi, j'entends les vendeurs du journal, dont ma femme a pu faire seule le tirage, annoncer que j'étais en prison ; la nouvelle ne l'était déjà plus.

Un apprenti barbier vient raser les détenus.

Des lentilles à la sauce habituelle sont servies à 3 heures.

Je commence le répertoire des anciens établissements religieux du département.

SAMEDI 13. — Les bruits du marché viennent rompre la monotonie de ma prison : en outre, j'ai le plaisir de recevoir la visite de deux bons amis, dont l'un est celui qui m'avait accompagné lors de mon arrestation, ce que le journal républicain du cru avait même trouvé mauvais ; cette feuille n'ayant aucune idée de la vraie Fraternité dû faire peu de jours après une nouvelle amende honorable pour la fausseté de son allégation à l'égard de cet ami. Pendant notre courte entrevue dans le cabinet du gardien-chef et en présence de ce dernier, j'ai la satisfaction de saluer de la tête un de mes zélés rédacteurs qui est sur la place de l'Abbatiale et me voit à travers les vitres.

Le menu du jour est 90 grammes de pois verts cassés. C'est, avec le riz, le mets préféré des prisonniers ; « l'affaîtement » de ces mets ne vaut cependant pas, à beaucoup près, celui de nos plus pauvres paysannes normandes. J'ai omis de dire que l'eau est la boisson réglémentaire et que la cantine peut fournir de la boisson de cidre certainement ondoyée à sa naissance et baptisée sans condition à son entrée dans le fût. Certains détenus ont droit au vin ; je suis de ce nombre, mais en ma qualité de normand et de catholique je bois de ce cidre par trop chrétien mais qui a l'avantage de ne pas faire mal à la tête.

J'écris au Ministre des finances à l'effet de me libérer envers l'Etat. J'offre à payer 200 francs immédiatement et le reste en huit versements mensuels de 50 fr. Ma requête doit être transmise par le procureur de la République.

DIMANCHE 14. — Le jour consacré à Dieu est ainsi employé :

A 6 heures et demie, sonne le reveil.

A 7 h., tout le personnel de la prison assiste à une messe basse suivie de la prière du matin et du « Souvenez-vous ». Ceci me fait penser aux inconséquences du gouvernement de la République officiellement athée, qui supprime les aumôniers des hôpitaux et de l'armée mais les conserve dans les prisons ; qui prohibe la prière dans ses écoles mais la prescrit dans ses prisons, le soir seulement, car il n'y a que le dimanche que Dieu est invoqué le matin. Je remarque que la plupart des détenus repondent à haute voix à la prière du prêtre. Les femmes sont dans le fond de la pièce servant de chapelle ; une cloison garnie d'un grillage les séparent du sexe fort.

Le fils du gardien-chef sert la messe, après laquelle j'ai l'immense satisfaction de serrer la main de l'aumônier, M. l'abbé Gourdeau, premier vicaire de Sainte-

Croix où cet excellent prêtre m'a connu, ayant été chantre au chœur de cette église de 1871 à 1879.

Les quelques paroles amicales de M. l'abbé Gourdeau me touchent et me réconfortent ; elles m'attestent que le clergé se souvient que la vengeance républicaine dont je suis la victime est due en grande partie à ce que, depuis plus de trois ans, je réfute hardiment et avec succès le haineux cri de guerre de Gambetta en prouvant, l'histoire locale en main et au moyen de faits authentiques rappelés dans mon indépendant journal, que **Le Cléricalisme n'est pas l'ennemi de la Liberté, de l'Instruction et du Progrès.**

Après la messe, les détenus nettoient les ateliers et mettent en ordre les travaux de la semaine.

A 10 h., distribution d'une gamelle de bon bouillon à la viande ; rien de plus.

A 11 h., promenade et toilette à la pompe ; la fraternité existe là, car un seul savon, un seul peigne et un seul petit miroir servent à tour de rôle pour tous les détenus qui attendent patiemment leur tour et se rendent mutuellement le service de se pomper de l'eau.

Ils rentrent ensuite dans les ouvroirs où ils s'amusent du mieux possible, les uns lisent, les autres racontent des histoires, etc., mais aucun ne chante, c'est formellement défendu.

Moi, je puis chanter à mon aise car, je

ne sais pourquoi, on m'enferme tout seul dans la chapelle d'où je ne sors qu'à 4 h., quand on sert le « rata » composé d'une double ration de haricots et de 70 grammes de la viande qui a servi au bouillon du matin. Je reste seul jusqu'au coucher.

Et pourtant, espérant passer la journée avec le tailleur et lui faire raconter ses campagnes d'Afrique, j'avais demandé, à son intention, au cantinier, « un tabac à priser » de 12 centimes que le réglement lui interdit, mais que ce vieux roublard remplace ingénieusement par un tabac artificiel qu'il fabrique lui-même avec de la mie de pain torréfiée et broyée au moyen de son « carreau » et à laquelle il mélange du poivre et un peu de sel que lui donne le cuisinier en échange de petits services de couture. Où la Fraternité va-t'elle se nicher! Cette recette de tabac économique est recommandée aux priseurs trop nombreux à qui la 3e République a augmenté le tabac et diminué... les écus.

De 4 à 6 heures, je puis donc prendre l'air et m'ennuyer affreusement ensuite. En voilà un triste dimanche!

LUNDI 15. — La veille, j'avais écrit au sous-préfet à l'effet de recevoir en prison mes lettres et journaux qui m'étaient indispensables pour continuer l'exploitation de mon industrie qui périclite pendant mon absence. Naturellement, cette autorisation m'est refusée dans l'espoir que cela va faire tomber le " Moniteur de Bernay ".

En fait de journaux, je n'ai à lire et à relire, pour tuer le temps, que " Le Petit Journal " du 17 février 1878, donnant les Obsèques de Pie IX à Notre-Dame de Paris, et un fragment de " La Paix " du 20 août 1883, lesquels avaient servi d'enveloppe à des travaux apportés du dehors à mon compagnon de captivité. On voit comment je suis tenu au courant des nouvelles du jour ; c'est une de mes plus vives privations.

Un permis permanent est aussi refusé à Mme Veuclin par le susdit fonctionnaire qui lui fait même quelques réflexions hypocrites et menteuses sur ma détention à laquelle il a puissamment contribué.

La discipline se resserre à mon égard : le gardien-chef m'invite à ne plus descendre dans la cour hors les heures réglémentaires, ce qui ne m'amuse pas du tout. Je suis cependant heureux comparativement aux écoucheurs qui, enfermés pendant environ 10 heures par jour dans un local trop petit pour leur nombre, s'escriment à tour de bras pour écoucher dans leur journée un kilogramme de lin qui leur rapporte 20 centimes en leur faisant avaler un kilo de poussière malsaine.

MARDI 16. — A 9 h. 1|2, les airs joyeux d'une Fanfare passant sur la place de l'hôtel-de-ville frappent mes oreilles ; je reconnais un des morceaux de la Fanfare de notre Collège et je suppose qu'elle se rend à la messe du Saint-Esprit, à l'occasion de la rentrée des classes. L'entrain des musiciens et le bruit prolongé du défilé me prouvent que les jeunes artistes sont tous revenus sous leur bannière si glorieusement inaugurée, et que le nouveau principal à eu des familles la confiance que son talent et ses précédents succès justifient.

Communication m'est donnée d'une lettre de M. Bernard, receveur particulier des finances, m'informant que ma demande de payer par fractions mon amende n'avait pas été jugée digne d'être prise en considération. Grand merci !

Que l'on parle encore des lenteurs administratives quand une semblable réponse est faite trois jours après ma supplique ! Il est vrai que je soupçonne fort ma requête de n'avoir pas été au ministère des finances et d'être restée dans les bureaux d'un certain petit bossu chez lequel, un certain soir, le clan républicain du cru fêta bruyamment ma condamnation et la triste victoire des écus de la R. F.

MERCREDI 17. — Rien à consigner.

JEUDI 18. — Décidément, les cartes se brouillent et je suis traité en prisonnier dangereux. Une lettre que j'adresse à un des rédacteurs de mon journal et dans laquelle je fais quelques réflexions sur ceux qui tiennent la queue de la poêle gouvernementale où nous sommes frits sans pitié, cette lettre est confisquée mais j'insisté pour qu'elle ne soit pas détruite, voulant la reprendre quand je sortirai.

Ma chambre m'est défendue pendant le jour et je suis consigné dans le dortoir où travaille le tailleur.

Les haricots du diner chassent heureusement et bruyamment ma mélancolie.

VENDREDI 19. — Pour donner une idée de la ridicule sévérité dont je suis l'objet, je n'ai qu'à dire que l'on me fait signer *sans me permettre de le lire*, le " Moniteur de Bernay " du jour, numéro imprimé à Paris et dont j'ignore le contenu.

Quoiqu'il en soit, j'ai la satisfaction d'entendre encore une fois annoncer mon petit journal que le clan républicain veut anéantir. J'apprends même par ma femme qu'un second exemplaire, préparé par M. A. Dumoulin qui l'a fait composer et clicher à Evreux, est arrivé en même temps que celui venu de Paris. Allons, le " Moniteur " se porte aussi bien que son directeur et ils ont toujours des amis !

La prison possède deux cachots qui, voisins des fumiers et du cabinet n° 100, doivent être un séjour fort désagréable, surtout en été. Pour cause d'insoumission une des détenues passe la nuit dans le cachot 1, sur une simple paillasse jetée sur le sol.

Grâce à la discipline ferme et juste du gardien-chef, les cachots, me disent des habitués de la prison, ne sont pas souvent habités ; mais l'usage des fers aux pieds, du baillon et du ligotage est encore pratiqué, paraît-il, dans les cas extrêmes.

SAMEDI 20. — Aucun incident ne marque cette journée pendant laquelle il tombe de l'eau » comme pour l'amour du bon Dieu. »

DIMANCHE 21. — Programme habituel. La journée commence par l'assistance à la messe basse célébrée par le même aumônier auquel je puis encore presser la main amie et dire quelques paroles d'espoir.

La chapelle, située juste en regard du couloir de la Bibliothèque municipale, ne mérite aucune description ; son petit autel, enfermé pendant la semaine dans une sorte d'armoire et éclairé par une vitre qui me sert de miroir, cet autel est en bois peint en blanc avec quelques sculptures dorées ; il est orné d'une petite copie assez bonne, non signée, de la « Vierge aux raisins » ; le tombeau est décoré d'un Sacré-Cœur et de quatre têtes d'anges ; deux chandeliers en cuivre forment l'ornementation invariable de cet autel qui appartient au 18e siècle et provient probablement de l'infirmerie de l'abbaye. Ce monastère, on le sait, était placé sous le vocable de Notre-Dame. Disons enfin qu'une petite couronne de fleurs fanées est suspendue au plafond et qu'une petite Vierge, en plâtre, jadis placée au haut de l'autel, en face cette couronne, est maintenant posée dans un coin.

J'allais oublier une croix à pied, en cuivre argenté, placée devant le tableau.

Après la messe, je visite l'écoucherie que l'on nettoie et où je manque d'être asphyxié par la poussière. Qu'elle n'est pas ma surprise de trouver dans ce local des restes précieux, uniques et ignorés du couvent élevé, au 11ᵉ siècle, par la princesse Judith de Bretagne, épouse de Richard II, duc de Normandie. Quatre piliers, formés de colonnettes avec chapiteaux romans sculptés, supportent une belle voûte du 14ᵉ siècle au sommet de laquelle est un blason portant : *un lion rampant* ; armoiries qui pourraient bien être celles de l'abbé qui fit réparer les importants dégâts causés à l'abbaye, en mars 1377, lors du siège et de la prise de la Grosse-Tour par les troupes de Charles-le-Mauvais.

Une magnifique arcade romane, ornée d'un double rang de zigzags, subsiste encore dans le mur ouest de ce local qui attenait au chœur de l'ancienne église abbatiale bâtie également au 11ᵉ siècle.

Il m'est agréable de dire que les détenus, qui m'ont toujours témoigné une certaine déférence en m'épargnant le tutoiement d'usage, s'intéressent à ces antiquités ; ils poussent même la complaisance jusqu'à enmancher un balai à une longue gaule afin de nettoyer la clef de voûte armoriée ; ils suivent aussi avec attention et rectifient mes rapides croquis.

Les armoiries précitées sont posées sur une crosse en pal (verticale).

De même que le dimanche précédent, je suis enfermé seul dans la chapelle à partir de 9 heures, et ce n'est que sur mon énergique protestation qu'on m'accorde, à midi 1|2, la demi-heure de promenade à laquelle j'ai droit, remplaçant pendant ce court espace de temps un des pieux moines qui, jadis, sanctifiait ce saint jour par la prière et la méditation en parcourant ce cloître que je foule de mes pieds et dont il ne reste plus d'autres traces que celles des 9 arcades qui le composaient au midi et à à l'ouest et des 7 qui existaient à l'est ; cette stupide destruction a eu lieu au commencement de notre siècle.

Ce cloître serait cependant fort utile aux aux faiseurs de liens, aux écoucheurs surtout qui pourraient faire au grand air un travail pénible et malsain ; il permettrait aussi de mettre à l'abri les laveuses et de ne pas voir, comme je l'ai vu, une détenue rester toute une journée, sous une pluie battante, à laver du linge.

35 détenus, 28 hommes et 7 femmes, forment l'effectif de la prison. Voici ce qui a été remis au cuisinier pour le frichti du jour :

Carottes et navets, 370 gr. ; — Graisse, 148 gr. ; — Haricots, 6 kilogr. 200 ; — Oignons, 740 gr. ; — Viande, 5 kil. 400.

La portion de viande bouillie revenant à chaque détenu est embrochée dans un petit morceau de bois provenant de vieux balais usés, lesquels ayant servi à certains usages plus ou moins parfumés peuvent, en effet, remplacer le « bouquet » de nos bonnes sauces normandes.

Je me souviendrai de ces petites brochettes ainsi que d'avoir vu le lampiste gratter des carottes devant une grande bassine en fer-blanc destinée à les recevoir et dans laquelle tombaient en même temps les râclures de ces légumes. « Tout fait ventre », et « Mange bien des mouches qui n'y voit goutte », dit-on dans nos campagnes ; l'application se fait ici de la façon la plus large.

J'ai aussi l'explication du goût tout particulier que je trouvais aux biftecks de la cantine en voyant comment on les fait cuire : avec une fourchette ficelée à un bout de bois on présente la viande devant la porte du fourneau de la cuisine, lequel chauffé au charbon de terre communique cette saveur désagréable que j'avais remarquée.

On ne mange pas de pommes de terre dans la prison de Bernay; c'est une regrettable lacune que le soldat ne connaît pas et que les détenus souhaitent voir disparaître ; je suis de leur avis.

J'ai le bonheur d'embrasser mes deux jeunes enfants, Madeleine et Paul; ces chers petits sont tout joyeux de me revoir. Leur courte visite me fait plus vivement désirer sortir de ce lieu que je n'habite pourtant que depuis douze jours.

A cet effet, et afin de faire cesser une situation si préjudiciable à ma maison de commerce et ne pas laisser plus longtemps une telle charge à ma femme souffrante, je lui dis de réunir toutes mes ressources et de payer le lendemain matin l'importante somme que le gouvernement n'a pas eu honte d'accepter, bien que je ne lui dusse rien.

LUNDI 22. — Etant appelé dans les dortoirs des condamnés, j'admire la magnifique voûte de cette pièce, autrefois la plus belle de l'abbaye, après le réfectoire servant aujourd'hui de salle d'audience au tribunal civil. Des vestiges de peintures à fresques représentant des feuillages ornent encore cette voûte hardie mais bien défigurée par les cloisons modernes des dortoirs.

J'admire aussi un superbe escalier en pierre, exactement semblable à celui de l'autre aile (l'hôtel-de-ville), mais possédant encore sa rampe primitive, en fer forgé, dont les gracieux dessins sont peut-être de Guillaume La Tremblaye, le célèbre moine de Bernay, architecte et artiste distingué du temps. Toutes ces œuvres d'art inconnues sont de la fin du 17° siècle, époque de la réconstruction totale de l'antique monastère de la princesse Judith.

Une surprise étonnante m'attendait dans ces dortoirs.

La 3° République, qui a arraché de ses

écoles le Crucifix le maintient dans les prisons où non seulement se fait la prière prohibée dans les écoles publiques, mais où cette prière du soir, imprimée en gros caractères, est placardée dans chaque dortoir où j'entre.

D'après cela, je conclus que le gouvernement athée que nous avons le malheur d'avoir, trouve qu'il ne faut parler de Dieu à l'homme que quand ce dernier est en prison. Moi je trouve qu'il est trop tard et que celui qui n'aura pas appris à l'école ses devoirs envers le Créateur ; qui n'aura pas appris à respecter la divine religion du Christ ; celui-là méprisera les lois de son pays, méconnaîtra ses devoirs envers ses semblables, et les actes religieux qu'on lui imposera dans les prisons trouveront insensible son cœur dans lequel on n'aura pas semé, alors qu'il était enfant, la morale chrétienne qui, seule, peut faire des citoyens vertueux et utiles.

Il y a là une grave question sociale que le gouvernement actuel ne veut pas comprendre mais qui a été admirablement développée, le 18 juillet 1883, devant la Cour d'assises de l'Eure, par M° Cauët, avocat à Evreux, à propos de l'assassinat d'un gardien de la maison centrale de Gaillon par un détenu âgé seulement de 17 ans.

Je ne pénètre pas dans le « côté des dames » ; je sais que les détenues sont employées à effilocher des chiffons de laine ou à raccommoder le linge de la maison, travaux qui leur rapportent à peu près le sel de leur soupe.

Mme Veuclin ayant soldé au percepteur le compte d'apothicaire suivant : Amende, 500 fr.; Décimes, 125 fr.; Frais de justice, 30 fr. 81 ; Extrait, 25 c. ; Frais de commandement, 3 fr. 23 ; Capture, 3 fr. — Total : 622 fr. 29, ma mise en liberté est signée et je quitte la prison, sans aucun regret, à 11 heures 3p4, en emportant comme souvenir un des pains qui me sont restés, et quelques-unes des petites bêtes suceuses qui figurent si bien le parti républicain dont la haine me poursuit sans relâche.

Sitôt dehors, je monte à la sous-préfecture réclamer la lettre qui m'a été confisquée et remise au citoyen Simon, je trouve les bureaux fermés. Cet honnête fonctionnaire, célèbre par ses « petits papiers », ne daigne même pas répondre aux deux lettres que je lui envoie pour lui réclamer celle précitée, qui est ma propriété et non la sienne ; je l'abandonne avec mon mépris au dit sous-préfet Simon.

Inutile de dire avec quels transports de joie ma petite famille accueille mon retour et avec quelle satisfaction je reprends la publication de mon modeste journal plus que jamais conservateur et qui, Dieu aidant, ne tombera pas avant d'avoir vu tomber la funeste République.

Je serai fier alors d'avoir tant soit peu

contribué à la délivrance de la France et d'avoir souffert pour elle.

E. Yeuclin.

4ème DISTINCTION RÉPUBLICAINE

En signant ma mise en liberté, le 22 octobre 1883, M. Allard, substitut, me fit cette bienveillante observation : « Epargnez-moi, à l'avenir, une besogne aussi désagréable » ; ce à quoi je répondis respectueusement: « Monsieur, j'essaierai ; mais il ne faut jurer de rien. »

En effet, car quelques semaines après, j'étais de nouveau poursuivi pour délit de presse, dans les incroyables circonstances suivantes :

A l'occasion de la mort de Mgr le comte de Chambord, j'avais considéré comme un pieux devoir d'encadrer de noir mon journal (numéro du 1er septembre), affirmant ainsi mon profond respect et ma vive sympathie pour la grande figure royale que Dieu venait de rappeler trop tôt à lui.

Or, cet acte de fidélité à des principes héréditaires dans ma famille (1) ; cette

---

(1) A Verneusses, dans la chaumière que fit bâtir, il y a environ 80 ans, sur le bord de l'ancien grand chemin d'Alençon, François-Jean-Baptiste Veuclin, cordonnier, se voit encore, à la cheminée, une plaque en fonte fleurdelysée

www.ingramcontent.com/pod-product-compliance
Lightning Source LLC
Chambersburg PA
CBHW060538050426
42451CB00011B/1776